AF167192

**A. Becker (Hrsg.)** wohnt im Markgräfler-
land, hat diverse Koch- und Kinderbücher
sowie eine Sammlung von Kurzgeschichten
(unter Pseudonym) veröffentlicht.

Die auf der Coverseite abgebildete Person ist
nicht mit dem Verfasser des Tagebuchs identisch.
Die Fotos wurden vom Verfasser nachträglich hin-
zugefügt.

1

# Sonst ist alles beim Alten!

Aufzeichnungen eines Soldaten in den ersten
Monaten des Ersten Weltkriegs.

Ausgabe vom März .2015

# Der Erste Weltkrieg

Im Ersten Weltkrieg von 1914 -1918, in dem etwa 70 Millionen Menschen unter Waffen standen, starben fasst 9 Millionen Soldaten, darunter über 2 Millionen aus Deutschland und über 1,3 Millionen aus Frankreich. Der Tod war ständiger Begleiter an der Front und wurde als „Heldentod für das Vaterland" verklärt. Kennzeichnend für diesen Krieg waren die Materialschlachten und Stellungskriege. In den die Soldaten als einzusetzendes Material, wie Geschütze und Munition betrachtete wurde.

## Chronik der ersten Monate

Aufgeführt im folgen Aufzeichnungen ist lediglich der Zeitraum von *89 Tagen*. Jener Zeitraum, der in den Notizen des vorliegenden Tagesbuchs (1. August 1914 bis 5. November 1914) behandelt wird. Mit dieser Information soll lediglich gezeigt werden, wie der einfache Soldat im Schützengraben die damalige Situation erlebte und was sich gleichzeitig entlang des gesamten Frontverlauf abspielte.

Beteiligte am Ersten Weltkrieg waren diejenigen Staaten, Gebiete und Volksgruppen, die sich direkt oder indirekt am Ersten Weltkrieg beteiligten oder von ihm betroffen waren. Die Entente bestand ursprünglich (bis 1914) nur aus Frankreich, Russland und Großbritannien. Im Kriegsverlauf stießen zahlreiche Staaten oder

Nationalitätengruppen als Verbündete oder Assoziierte hinzu, Russland schied aus.

**1914** (bis Ende August )

28.06. Attentat auf den Österreichischen Thronfolger Franz Ferdinand
28.07 Kriegserklärung Österreich an Serbien
01.08. Kriegserklärung Deutschland an Russland
03.08. Kriegserklärung Deutschland an Frankreich
04.08 Kriegserklärung England an Deutschland
07.08. Montenegro tritt der Entente bei
23.08 Kriegserklärung Japan an Deutschland
26.-30.08 Schlacht bei Tannenberg
Die Konzentration des Tagebuchs liegt auf der Westfront, die sich über rund 750 km Länge vom Ärmelkanal bis an die Schweizer Grenze erstreckende Front des Ersten Weltkrieges in Frankreich und Belgien. Die nördlichsten 60 km dieser Front verliefen auf belgischem Gebiet; sie wurde im Norden durch die Nordsee begrenzt.

3. Aug. Deutschland erklärt Frankreich den Krieg.
4. Aug. Deutsche Truppen betreten bei Gemmenich belgisches Gebiet.
4. Aug. Deutscher Angriff auf Lütich
5. Aug. Missglückter Handstreich auf die Festung Lüttich.
Deutsche Truppen besetzen den Grenzort Briey (nordwestlich von Metz).
7. Aug. Die Festung Lüttich wird durch Teile des X. Armeekorps unter General v. Emmich im Sturm genommen.

8. Aug. Mulhausen wird von den Franzosen
eingenommen.
10. Aug. Eineinhalb französische Armeekorps
westlich von Mülhausen i. E. in Richtung Belfort
zurückgeworfen.
11. Aug. Gefechte von Lagarde (Lothringen)
Schlappe einer Festungsabteilung aus Straßburg
im Vogesenpass bei Schirmeck (Donon).
14. Aug. erneute französische Offensive im Elsass
und in Lothringen
16. Aug. Kapitulation von Lüttich
19. Aug. Bayerische und badische Truppen
werfen die bis Weiler (15 Kilometer nordwestlich
Schlettstadt) vorgedrungene französische 55.
Infanteriebrigade über die Vogesen zurück. Auch
im Oberelsaß (bei Altkirch) werden
eingedrungene französischen Streitkräfte
zurückgeschlagen.
Beginn der Belagerung von Antwerpen.
Deutsche Truppen erringen zwischen Metz und
den Vogesen (Linie Delme-Saarburg) einen Sieg
über acht französische Armeekorps. Die
Deutschen rücken bei Tirlemont in Brüssel ein.
20. Aug. Schlacht in Lotringen
Beginn der Beschießung der Festung Namur.
Im Ersten Weltkrieg war Namur eines der
Hauptangriffsziele der deutschen Invasoren. Die
Forts wurden mit schwerer Artillerie beschossen
und zerstört, Namur selbst fiel nach drei Tagen.
Die Armee des Kronprinzen Rupprecht hat die
Linie Lunéville-Blamont erreicht.
Die Schlacht bei Longwy vom 22. bis 25. August
1914 war eine der sogenannten Grenzschlachten
des Ersten Weltkrieges. Sie fand an der Westfront

an der Festungslinie Montmédy–Longuyon–
Longwy statt.
23. Aug. Einzug des XXI. Armeekorps in
Lunéville. Die zu beiden Seiten von Neufchateau
vorgehende Armee des Herzogs Albrecht von
Württemberg schlägt eine über den Semois
vorgedrungene Armee vollständig.
Westlich der Maas gehen deutsche Truppen
gegen Maubeuge vor. Eine englische
Kavalleriebrigade wird geschlagen.
24. Aug. Vier Forts der Festung Namur und die
Stadt in deutschen Händen.
25. Aug. Fall der restlichen Forts der Festung
Namur.
25. Aug. Deutsche Einheiten zerstören die
belgische Stadt Löwen. Auch die berühmte
Bibliothek geht in Flammen auf.

26.–30. Aug. In der Schlacht bei Tannenberg in
Ostpreußen drängen deutsche Truppen die
russische 2. Armee zurück.

26.Aug. Die Armee Kluck wirft die englische
Armee bei Maubeuge zurück. Longwy wird
genommen. Das Oberelsass wir bis auf geringe
Abteilungen westlich von Colmar von den
Franzosen geräumt.
27. Aug. Die englische Armee von der Armee
Kluck südwestlich von Maubeuge erneut
geschlagen. Französische und belgische Truppen
von den Armeen Bülow und Hausen zwischen der
Sambre, Namur und der Maas zurückgeworfen.
Die Armee des Herzogs von Württemberg
überschreitet die Maas.

28.Aug. Schlacht bei St. Quentin
Die englische Armee, die nördlich St. Quentin
vollständig geschlagen wurde, befindet sich in
vollständigem Rückzug. Südöstlich von Mézières
überschreiten deutsche Truppen in breiter Front
die Maas. Manonviller, östlich von Lunéville, das
stärkste der französischen Sperrforts, gelangt in
deutschen Besitz.
30. Aug. Fall des Forts Les Ayvelles und der
Festung Montmedy.
1. Sept Die französische Mittelmeerflotte
bombardiert Cattaro.
2. Sept. Sämtliche Sperrbefestigungen im
nördlichen Frankreich (außer Maubeuge) in
deutschen Händen. Die Kavallerie der Armee
Kluck streift bis vor Paris.
1. Sept. Fall der Festung Maubeuge
2. Sept. Besetzung von Reims

5. Sep. Da deutsche Truppen kurz vor Paris
stehen, mobilisiert Frankreich alle verfügbaren
Reserven und lässt Soldaten zum Teil mit Taxis
an die Front bringen: Die Marne-Schlacht
beginnt. Eine Million alliierte Soldaten stehen
750.000 deutschen gegenüber.

8.Sept. Beginn der Beschießung der Forts von
Verdun.
12. August Frankreich feiert das "Wunder an der
Marne": Die Schlacht endet mit dem Rückzug der
Deutschen. Der Schlieffen-Plan ist gescheitert.
15. - 16. Sept. Schwerste Kämpfe auf der ganzen
deutschen Kampflinie in Nordfrankreich.

17. Sept. Erstürmung des Chateau Brimont
20. September Beginn der Beschießung von
Reims.
23. Sept. Eindringen der deutschen Truppen in
das Waldgebirge der Argonnen. Einnahme von
Varennes. Beginn eines langwierigen
Stellungskrieges in diesem Gebiet.
23.-28. Sept. An der Aisne in Nordfrankreich
legen die Deutschen erstmals Schützengräben
zur Verteidigung an.
25. Sept. Erstürmung des Sperrforts Camp des
Romains bei St. Mihiel durch das bayerische
Regiment "von der Tann". Die deutschen Truppen
überschreiten hier die Maas.
1. Okt. Fall der Forts Wavre, St. Cathérine und
Dorpweldt der Festung Antwerpen.
3. – 5, Okt. Fall weiterer Forts von Antwerpen.
Fall der Forts Kessel und Broechem von
Antwerpen.
6. Oktober. Ausdehnung der deutschen
Kampffront bis nördlich Arras, um den
Umfassungsversuchen der Franzosen zu
begegnen.
8. Okt. Beginn der Beschießung der Stadt
Antwerpen.
10. Okt. Die ganze Festung Antwerpen in
deutschen Händen.
18. Okt. Deutscher Vormarsch gegen Nieuport.
Kämpfe westlich Lille. Im Laufe dieser in den
folgenden Tagen andauernden Gefechte wird die
Verbindung zwischen der deutschen Front in
Flandern und der in Nordfrankreich hergestellt.
Der Stellungskrieg beginnt.

20. Okt. Heftige Angriffe der Franzosen und
Engländer am Yserkanal unter Mitwirkung eines
englischen Geschwaders. (Erste Flandernschlacht,
20. Oktober bis 18. November 1914, Zweite
Flandernschlacht, 22. April bis 25. Mai 1915,
Schlacht von Messines, ab 21. Mai 1917, Dritte
Flandernschlacht, 31. Juli bis 6. November 1917).
24. Okt. Weiteres Vordringen der Deutschen über
den Yser-Ypernkanal.
2. Nov. Gefechte bei Soissons um den Besitz der
Dörfer Chavonne. – In den Vogesen Gefecht bei
Markirch.
7.Nov. Am Westrande der Argonnen die
wochenlang umkämpfte wichtige Höhe bei Vienne
le Chateau von deutschen Truppen genommen.
10. Nov. Erstürmung von Dixmuiden. Westlich
Langemarck Südlich Ypern wird St. Eloi
genommen. Gegenangriffe der Engländer nördlich
Armentières, sowie der Franzosen nördlich Vienne
le Chateau.
…......
…….

**11.Noember <u>1918</u>**
**Unterzeichnung des <u>Waffenstillstands von</u>**
**<u>Compiègne</u> durch <u>Matthias Erzberger,</u>**
**wirksam ab 11:00 Uhr**

# Übersichtskarte der Deutschen Westfront.

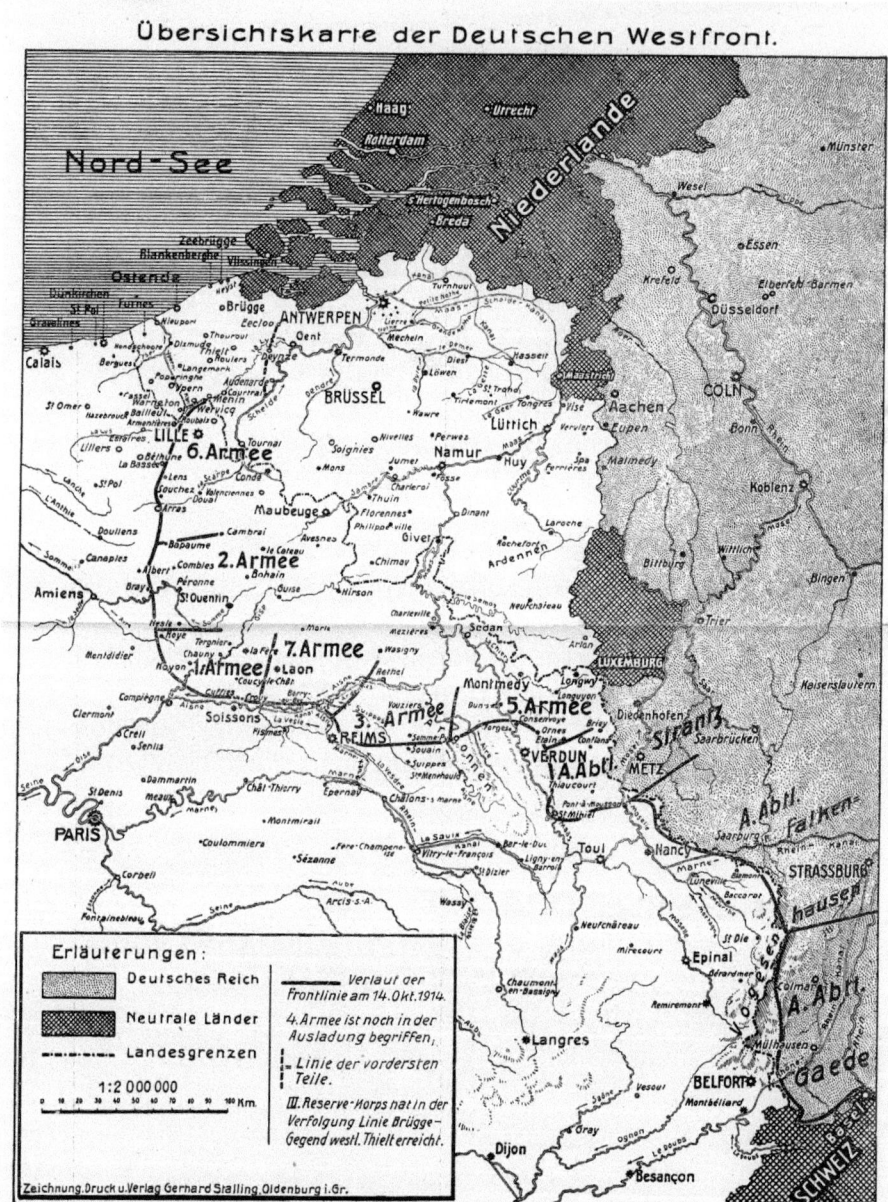

Quelle : Reicharchiv, Ypern 1914

Meine Erlebnisse im
Feldzuge 1914 gegen
~~Mobilmachung~~ 2. August
Frankreich.

[handschriftlicher Text, größtenteils unleserlich]

1. [2.] Aug. ...

# Meine Erlebnisse im Feldzuge 1914 gegen Frankreich

## Mobilmachung
## 2. August

Am Freitag, dem 7. August
wurden wir in Züge eingeladen und an die
französische Grenze befördert, wo wir in St.
Awolt (1) umgeladen wurden.
Von da aus gab es einen Marsch bis nach Freilaß,
wo selbst wir einquartiert wurden.

## 8. August 1. Tag

Am Samstag wurde alles hergerichtet, was zum Einquartieren notwendig war. An diesem Tage wurden 2 Kühe geschlachtet, weil wir am nächsten Tage unser Essen selbst kochten. Schlafen mussten wir auf dem Heuschober.

## 9. August 2. Tag

Am 2. Tage wurde morgens um 4 Uhr aufgestanden, dann mussten wir unsere Kochgeschirre anlegen, um unser Mittag und Abendessen zu kochen. Mittags um 3 Uhr wurden

wir geweckt, wobei eine kleine Übung
vorgenommen wurde, wie sie im Gefecht
vorkommen kann. Abends gab es Bier zu trinken.
Um 9 Uhr ist Zapfenstreich.

An der Goullasch-Kanone

## 10. August 3. Tag

Sind hier morgens um ½ 4 Uhr geweckt worden
wegen der feindlichen Stellung. Wir sind
aufgebrochen und sind immer weiter der Grenze
zugefahren. Wir sind jetzt noch 15 km von
derselben entfernt einquartiert worden in der
Bastei. In allernächster Zeit wird ein Gefecht
stattfinden. Heute morgen sind auch 4-5
feindliche Flugzeuge beschossen worden.

## 11. August 4. Tag

Morgens um 6 Uhr auf, dann wurde der Kaffee getrunken. Danach wurde sofort für das Mittagessen gesorgt. Es wurden Kartoffeln, Gemüse und Fleisch geholt. Auch wurden Stallhasen, junge Hähne und Hühner gefangen und geschlachtet. In der Frühe wurden auch wieder Flugzeuge beschossen, welche uns entdeckt hatten. Auch habe ich in Dürkastel Schwalb Eugen und Briskla Johann getroffen, welche auch hier einquartiert waren. In Dürkastel (2) ist bereits alles französisch. Man kann die Leute kaum verstehen, wenn sie Deutsch reden. Hier ist eine große Armut unter den Einwohnern. Heute morgen wurde ein Teil französischer Kavallerie fluchtartig zurückgeschlagen.

## 12. August 4. Tag

Wurden morgens um 7 Uhr geweckt zu einer Gefechtsübung. An demselben Tage wurde unser Berberpanzerwagen(3) umgeworfen, indem er in einen Steinbruch hinein fuhr. Menschenleben hatte es nicht gekostet. Sonst alles beim alten.

## 13. August 6. Tag

Wurden morgens um 7 Uhr in der Abteilung aufgeweckt zu einer gefechtsmäßigen Übung, wie sie vorkommen kann. Mittags um 5 Uhr wurde

14

heute die Ortschaft Hämpent in Brand gesteckt, weil die Einwohner verschiedene Posten erschossen haben.

## 14. August 7. Tag

Wurde morgens wieder ausgerückt zur Fortsetzung der gefechtsmäßigen Übung. Aber kaum waren wir an Ort und Stelle, kam der Befehl: Sofort vorgehen. Alle im Quartier wurden alarmiert. Großer Kampfbefehl, sofort aufbrechen und die Franzosen bekämpfen, welche immer weiter vorgehen. Es wurde augenblicklich weiter vorgegangen, wo wir von mittags 1 Uhr bis um 8 Uhr belagerten, aber sie getrauten sich auch nicht, sich vorwärts zu bewegen. Im Gegenteil, sie zogen sich wieder zurück. Dann sind wir wieder ins Quartier eingerückt.

## 15. August 8. Tag

Wurde morgens um 4 Uhr aufgebrochen und wieder angetreten, denn es wurde gemeldet, dass es heute wahrscheinlich zu einem Gefecht kommen sollte und ein vorgerückter Zug war mit starker Artillerie dazu gekommen. Wir gingen in Kampfstellung und nach einem Gefechtszug wurden heute die Franzosen glänzend geschlagen. Wir kamen nach 12 Stunden ins Quartier.

## 16. August 9. Tag

Wurden morgens um 3 Uhr plötzlich alarmiert. Es wurde alles vorbereitet und bereit gestellt zum Abmarsch. Um 8 Uhr wurde ausgerückt und in eine andere Stellung gefahren, weil in der Gegend, wo wir lagen, die Armee schon sämtliche Stellungen in der Hand hatte. Um 10 Uhr fuhren wir in Stellung und gruben uns ein. Wir waren bestimmt, den Rückzug unserer Truppen zu schützen. Heute war ich mit Nachbauer Franz und Wild Heinrich zusammen. Mittags kam der Befehl, eine Höhe zu besetzen. Sofort wurde in die andere Stellung gefahren, wo wir auch vorläufig blieben. Es wurden die Zelte bei den Geschützen aufgeschlagen und biwakiert.

## 17. August 10. Tag

Morgens regnete es in Strömen, dass man sich kaum getraute, aus dem Zelt heraus zu gehen. Mittags kam der Befehl, dass wir in der Stellung bleiben würden, weil der Franzmann gegen uns anmarschierte. Es wurden die Geschütze tiefer eingegraben und alles feuerbereit gemacht. Denn es wurde gemeldet, dass der Feind im Anmarsch sei. Auch liegt bei uns zur Verstärkung das 22. und 23. Inf. Rgt., welche vor uns in Schützenstellung liegen. Wir liegen bei einer Ortschaft Baronweiler (4) und Desterreich die Einwohner gehen alle fort von hier. Die Infanterie hat hier Maschinengewehre.
In den nächsten Tagen ist die Hauptschlacht zu erwarten. Denn die Franzosen kommen und 14

französische und 2 englische Armeen kommen gegen uns. Es ist bestimmt, dass das ganze Frankreich in einer Schlacht geschlagen wird und dies wird sich bei Baronweiler abspielen. Die Franzosen wurden von 17 deutschen Armeen eingeschlossen und gegen Baronweiler gedrückt, wo die Hauptmacht der Deutschen liegt. Wenn dieses gelingt, dass wir den Feind so bekommen, dann ist die Schlacht gewonnen, denn hier ist alles besetzt mit Artillerie und Maschinengewehren. Die Infanterie gräbt sich hier auch in große Schützengräben ein. Der Feind wird sozusagen hereingelockt und geht auch schön mit.

## 18. August 11.Tag

Die Franzosen sind noch immer im Anmarsch auf uns. Hier ist alles feuerbereit, damit werden wir sie schön empfangen können. Unsere Stellung wurde noch ausgebessert, und immer mehr verschanzt., damit wir immer mehr geschützt sind. Sonst ist noch alles beim alten. Es wurde sämtliche Munition herbei geschafft, damit wir sie gleich beschießen können. Wir bleiben am heutigen Tage noch in der alten Feuerstellung.

## 19. August 12. Tag

Wurde wieder alles feuerbereit gemacht wie an den Tagen vorher. Seit gestern werden die Franzosen von der Fußartillerie beschossen. Auch verfolgte die zweite Abteilung 5. Regiment den Feind. Die Nacht durch wurden wieder viele Truppen zusammen gezogen. Auch wurde heute morgen wieder ein feindlicher Flieger beobachtet, welcher mehrfach über unsere Stellungen hinweg flog. Beschossen wurde er nicht, weil wir unsere

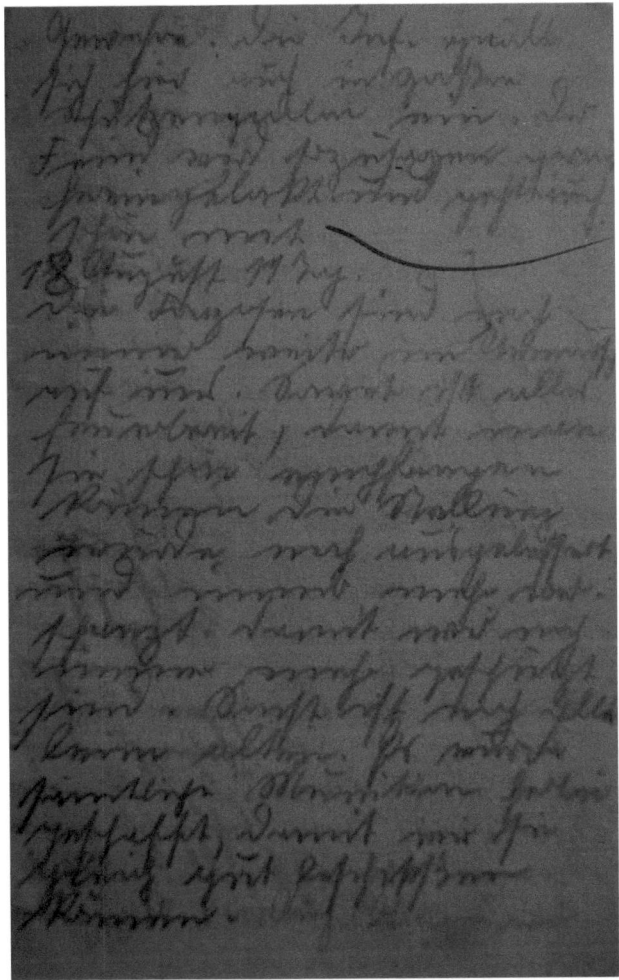

Stellung nicht verraten durften. In der Frühe hieß es dann aufsitzen und nach Rodellen zu gehen zur Unterstützung des III. Korps. Es wurde

aufgebrochen und fortgefahren. Wir fuhren bei Rodellen in Stellung, mussten aber später wieder weggehen. Bei Liedasingen wurde wieder in Stellung gefahren. Mittags dann um 4 Uhr wurde plötzlich unsere Infanterie angegriffen. Sofort wurde der Feind von uns beschossen, welcher sich im Wald verbarg. Unsere Infanterie ging unter unserem Feuerschutz erfolgreich vor, wo sie einen hartnäckigen Kampf hatte. Als das Feuer nachließ, wurde wieder die Infanterie von Artillerie beschossen. Aber wir werten den Angriff ab, die feindliche Infanterie stellte sofort das Feuer ein. Später, als der Kampf nachließ, wurde das Feld abgesucht. Unsere Infanterie brachte 8 Franzosen und Waffen, welche sie erbeutet hatten, zurück. Die Franzosen hatten erhebliche Verluste. Also das 1. Gefecht war am 19. August mittags zwischen 4 - 9 Uhr bei Liedasingen. Abends wurden Kartoffeln und Gemüse abgekocht.

## 20. August 12.Tag (irrtümlich nochmal „12." Tag)

Wurde morgens wieder aufgebrochen und in Stellung gefahren. Und sofort gab es feindliches Angriffsfeuer. Das Feuer eröffnete auch unsere Infanterie, welche sich im Walde versteckt hatte. Die feindliche Infanterie sitzt meistens ebenfalls im Wald und feuert hauptsächlich auf unsere Offiziere. Die französische Artillerie schießt schlecht, entweder Aufschlag weit vom Zielpunkt oder vorzeitige Sprengpunkte in der Luft, das ist ohne Wirkung. Aber es hat die feindliche Infanterie das Dorf Liedasingen besetzt, aber es wurden später alle herausgeholt und das Dorf in Brand gesetzt. Es wurden viele gefangen genommen. Heute fand ein größeres Gefecht noch statt, aber wie schon am 19. August zog der Gegner sich am Ende auch diesmal wieder zurück. Das lange Gefecht begann morgens um 6 Uhr und dauerte bis zum Abend. Wir hatten auch zu kämpfen, um die feindliche Infanterie auf Distanz zu halten. Abends gab es Birnen-Kartoffeln.

## 21. August 13. Tag

Wurden morgens wieder hingefahren und dann vorgegangen gegen Dienzu. Auf dem Wege fuhren wir an vielen toten Franzosen vorbei. Auch ist die Kirche von Limhof beschossen worden, weil sich in der Kirche die Franzosen verborgen hielten und auf dem Turme mit Maschinengewehren auf unsere Infanterie feuerten. Auch begegnete ich heute Bert Franz Stiefenhöfer und Peter Büchlein. Wir trafen uns, um eine Höhe zu besetzen, um die französische Grenze zu beschießen. Jedoch blieben wir dort nicht, sondern fuhren weiter der Grenze zu, welche wir abends 8 Uhr überfuhren. Einquartiert wurden wir in Argcour. Es ist eine französische Ortschaft.

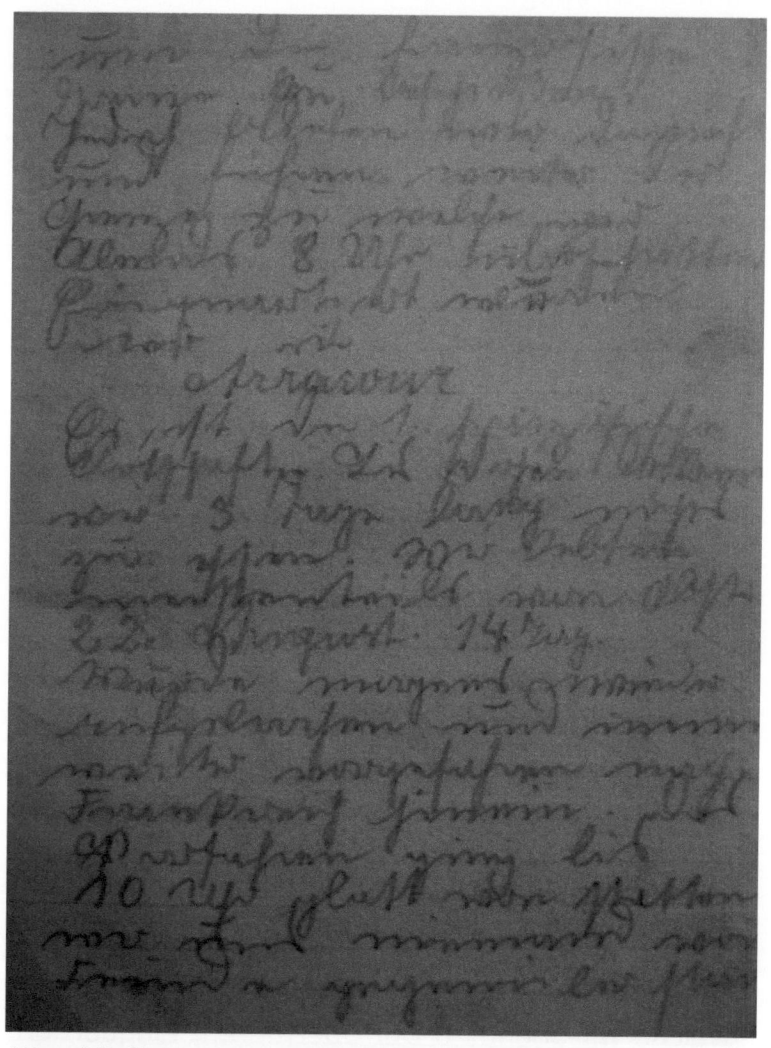

Hier blieben wir 3 Tage lang und bekamen in der Zeit nichts zu essen. Wir ernährten uns nur von Obst.

## 22. August 14. Tag

Wurde morgens wieder aufgebrochen und immer weiter vorgefahren nach Frankreich hinein. Der Vorfahrten gingen bis 10 Uhr glatt vonstatten, wo wir uns niemandem unserer Feinde gegenüber sahen. Plötzlich, als wir die Stellung sichern wollten, wurden wir von feindlicher Artillerie unheimlich beschossen. Jedoch wir fürchteten uns nicht und eröffneten auch das Feuer. Der Kampf dauerte bis abends 2 Uhr. Wir wurden von schwerer Artillerie beschossen. Jedoch nur wenig Verluste. Abends wurde vorgefahren, wo die feindliche befestigte Stellung von uns stark beschossen wurde. Dabei hatten wir auch Verluste. Es wurde abends auf freiem Felde biwakiert. Durch unsere Artillerie fand die Beschießung der Ortschaft Maix statt, aus welcher von Zivilisten auf unsere Kavallerie geschossen worden war.

## 23. August 15. Tag

Wurde morgens wieder frisch vorgefahren und die feindliche Höhe, von welcher wir beschossen wurden, besetzt. Unsere Infanterie geht auch tapfer vor. Wir blieben vorläufig in Bereitstellung. Abends wurde wieder auf freiem Felde biwakiert. Auch landeten nah bei uns noch 6 deutsche Flieger zur Aufklärung.

## 24. August 16. Tag

Wurde morgens wieder vorgefahren in Stellung. Jedoch wurde unser Zug in eine weitere Stellung kommandiert, wo wir mit 2 Geschützen eine Ortschaft, in welcher sich noch Franzosen befanden, in Brand schießen mussten. Dann zogen wir um in eine neue Stellung, wo wir von einem starken feindlichen Feuer in Empfang genommen wurden, welches jedoch keine Menschenverluste brachte, jedoch Pferde kostete. Danach drangen wir in eine andere Stellung vor, wo wir dann unbeschossen blieben. Als wir danach weiter in eine Stellung fuhren, hatten wir viel Glück, denn um uns herum flogen die

Granaten und Geschosse. Unsere Mittel wurden aber gut eingesetzt, wir wurden lange aufgehalten, bis wir wieder weiterfahren konnten. Wir hatten verschiedene Verwundete zu beklagen. In der Frühe beschossen wir den Ort Mont de Montagne, welchen die feindliche Infanterie besetzt hatte. Abends wurde gesagt, wer sich freiwillig meldet, um französische Geschütze, die der Feind stehen gelassen hatte, zu holen. Ich meldete mich und gegen 10 Uhr fuhren wir fort, konnten aber nichts erreichen, weil das Dorf, durch das wir fahren mussten, von Franzosen besetzt war. 12 Stunden im Kampf.

## 25. August 17. Tag

Wir fuhren morgens um sechs Uhr in Stellung, um eine starke feindliche Linie zu bekämpfen. Es entwickelte sich ein furchtbarer Kampf zwischen der Artillerie, wobei auf beiden Seiten viele Verluste waren. Wie standen im Gefecht von morgens 6 bis 7 Uhr abends, ohne was zu essen. Die feindliche Artillerie hatte uns so umzingelt, dass wir uns zurückziehen mussten, denn auf gegnerischer Seite standen 2-3 Regimenter und auf unserer Seite nur 1 Division. Das war eine Schlacht, größer als wir sie bisher kannten. Auch ist an diesem Tage unser Hauptmann Binker gefallen. Die Führung der Batterie hat vorläufig Oberleutnant Fink übernommen. Wir wurden auch nachts noch einige Male beschossen.

## 26. August 18. Tag

Wurde früh wieder vorgefahren, und zwar vorläufig in Bereitstellung, weil unsere Batterie zu schlapp waren, weil wir nichts zu essen bekamen. Unsere Batterie hat bis dahin 2 Tote und 10-15 Verwundete. Wir fuhren später in Stellung, wo uns später die 4. Division abgelöst hat. Auch kam noch Artillerie-Verstärkung. Unsere Abteilung ist vorläufig außer Gefecht gesetzt worden, weil sie zu schwach war, denn wir hatten jetzt schon wieder 2 Gefechte und 3 Schlachten mitgemacht. Die Ortschaft, bei welcher die große Schlacht stattfand, wo unser Hauptmann gefallen ist, heißt

26

Montville (4). Sonst ist noch alles beim Alten und soweit noch gut. Unsere Batterie hat Hauptmann Rettig von der 3. Batterie übernommen.

## 27. August 19. Tag

Wir waren nur in Bereitstellung, weil wir vorerst nur als Reserve da sind, bis bei unserer Mannschaft die Gefallenen ersetzt sind. Heute bekamen wir zum ersten Male seit 14 Tagen was zu essen. Unser Hauptmann ist zu uns sehr gut, sorgt, dass wir etwas zu essen bekommen. Auch wurden wir heute wieder von den Franzosen beschossen. Zur Verstärkung kam das 1. und 3. Regiment. Die Franzosen wollen sich bei uns doch absolut durchdrängen, weil sie jetzt von allen Seiten eingeschlossen sind. Wir haben hier einen schweren Stand, um die ganze französische Armee zu halten, damit sie nicht ausreißen, aber hoffentlich wird es uns gelingen, nachdem sie jetzt ja eingeschlossen sind, den Rest noch gefangen nehmen zu können, dann sind wir gerettet. Soweit ist sonst noch alles beim alten. Abends wurde biwakiert.

## 28. August 20. Tag

Wir waren wieder den ganzen Tag in Bereitstellung und zur Aufsicht, dass sich der

Gegner nicht durchdrängen konnte. Plötzlich mittags gegen 3 Uhr wurde alarmiert, sofort wurde aufgebrochen und vorgefahren in Stellung, wo wir zur Unterstützung des 6. Infanterie-Regiments die feindlichen Stellungen unter Feuer nehmen sollten. Wir brauchten es aber nicht, weil das 6. Infanterie-Regiment die Stellungen allein einnehmen konnte.

Wir wurden gleich von der gegnerischen Artillerie beschossen, jedoch ohne Schaden anzurichten. Nach dem Gefecht fuhren wir wieder zurück in die alte Stellung, wurden aber gleich wieder zurück geholt, weil der Gegner wieder frisch vordringen wollte. Aber er wurde wieder zurück geschlagen. Später wieder in die alte Stellung gefahren, wo wir liegen konnten. Heute die erste Karte erhalten.


## 29. August 21. Tag

Dichter Nebel lag früh morgens über dem ganzen Gelände, so dass man einen schlechten Zielraum hatte. Wir blieben auch heute wieder in der alten Stellung, wurden aber einige Male beschossen, wobei es einen Toten gab, welcher gerade beim Abkochen war. Gegen Mittag eröffnete wir auch das Feuer auf den gegenüber liegenden Wald zu, in dem sich der Gegner befand. Gegen Abend wurden wir aus unserer Stellung heraus geholt, um woanders aufzufahren, wo jedoch nicht geschossen wurde. Als es dunkel war, wurde wieder in die alte Stellung gefahren, wo wir uns noch mehr verschanzten gegen einen Überfall. Wir arbeiteten die ganze Nacht hindurch. Auch bekam ich heute die erste Feldpost, welche vom 23. August aufgegeben war.

## 30. August 22. Tag

Dichter Nebel lag morgens wieder über dem ganzen Gelände. Schon morgens um 7 Uhr fuhren wir in Stellung, um den Feind, welcher wieder vorgerückt war, zurück zu drängen. Dann beschossen wir einen Wald, in welchen sich feindliche Truppen befanden. Später wurde das Feuer auf die Artillerie übergeleitet, von welcher der Gegner stark beschossen wurde. Auch waren wir heute wieder 12 Stunden im Kampf. Das war heute das siebente Gefecht. Gerade auch bei unserer Kirchfeier am Sonntag. Abends wurde das Feuer dann weniger, indem sich der Feind zurück zog. Wir blieben abends in Stellung. Vor uns liegt die Infanterie in Schützengräben. Auch wurden heute wieder Gefangene gemacht.

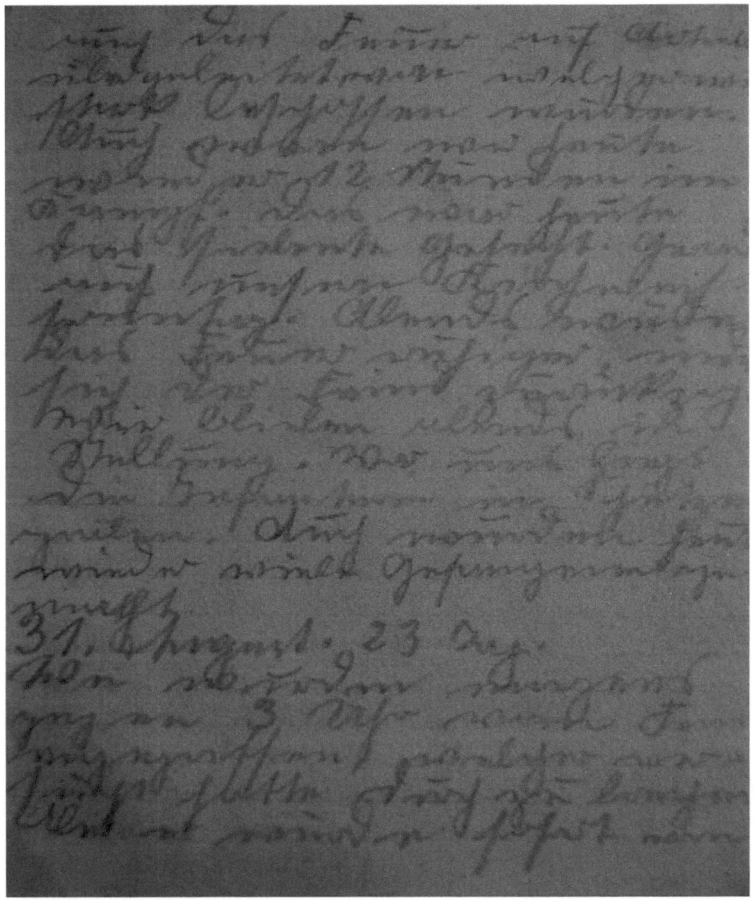

## 31. August 23. Tag

Wir wurden morgens gegen 3 Uhr vom Feind angegriffen, welcher versucht hatte, durchzubrechen. Aber er wurde sofort von uns

31

und unserer Infanterie zurück geschlagen. Der Gegner hatte viele Tot und Verwundete. Auch wurden wieder viele Gefangene gemacht.

In der Nähe von uns wurden 3 Armeekorps gefangen genommen. Wir wurden den Tag über immer auch von Artillerie beschossen. Wir blieben heute in der alten Stellung. Wiederholt wurde versucht durchzubrechen, aber vergebens.

## 1. September 24. Tag

Wurden vor Morgen geweckt, weil unsere Infanterie wieder beschossen wurde. Aber zu schießen brauchten wir nicht. Den Tag über wurden wir wieder von Artillerie beschossen, ohne Schaden anzurichten. Wir blieben auch heute wieder in der alten Stellung. Sonst noch alles beim alten.

## 2. September 25. Tag

Es wurde wieder ein nächtlicher Angriff vom Gegner versucht, welcher jedoch sogleich zurückgeschlagen wurde. Den Tag über wurden wir von Artillerie beschossen, jedoch ohne Schäden anzurichten. Wir blieben heute immer noch in der alten Stellung, um den Durchbruch der Franzosen zu verhindern. Heute war auch wieder Löhnung. Sonst noch alles beim alten.

## 3. September 26. Tag

War heute und den Tag über alles ruhig. Nur wurden wir mittags von schwerer Artillerie beschossen, jedoch ohne Schaden anzurichten. Auch waren wir heute baden in der Meurthe (5), einem französischen Fluss. Sonst war alles ruhig.

## 4. September 27. Tag

War morgens wieder Nebel. Es wurde auf unsere Infanterie in die Schützengräben gefeuert.

Auch wurden wir wieder von schwerer Artillerie beschossen, jedoch ohne Schaden anzurichten. Sonst blieb den Tag über alles ruhig. Nur abends wurden wir wieder beschossen und die ganze Nacht hindurch.

## 5.September 28. Tag

Die ganze Nacht hindurch wurde aus dem gegenüber liegenden Wald gefeuert, welchen von feindlicher Infanterie stark besetzt war. Morgens in der Frühe wurde Stellungswechsel gemacht und versucht, die feindliche Infanterie aus dem Wald zurück zu drängen, welche schon weit vorgerückt war. Unsere Infanterie ging unter unserer Artillerie zur Verfolgung vor. Später

34

fuhren wir noch in die andere Stellung, um unsere Artillerie zu unterstützen, welche an diesem Tage rund 3 km vorrückte und der Wald wurde nun besetzt. Abends fuhren wir wieder in unsere alte Stellung.

## 6. September 29. Tag

Wurde morgens um 5 Uhr wieder aufgebrochen und in die neue Stellung gefahren. Jedoch blieben wir dort nicht, weil wir dort nichts zu tun hatten. Wir fuhren dann vorläufig wieder zurück in die alte Stellung zur Bereitstellung. Tagsüber wurden wir wieder von Schwerer- und von Feld-Artillerie beschossen. Aber offensichtlich wissen sie unsere Stellung noch nicht näher, denn sie schießen immer entfernt. Sonst bleibt alles ruhig.

## 7. September 30. Tag

Den Morgen und Tag über alles ruhig. Nur hin und wieder wurden wir vereinzelt von Artillerie und Infanterie beschossen, ohne Schaden anzurichten. Auch wir beschossen die feindliche Artillerie, welche wieder den uns gegenüberliegenden Wald abstreifte. Aber ein einziger Schuss von uns reichte, sie dort zu vertreiben. Nun sitzen sie wieder in den Blumen. Sonst ist noch alles beim alten. Wir sind in der Ortschaft Frambois.

## 8. September 31. Tag

Den Tag über war alles ganz ruhig. Hie und da wurde von der Artillerie auf uns gefeuert. Ohne Erfolg. Hier wurde uns wieder eine Siegesmeldung verlesen. Wobei die Festung

Schützengraben an der Westfront.
März 1915

Maubem mit 4 Generälen, 40.000 Mann, 4.400 Geschützen gefallen ist. Die Festung hat sich bedingungslos übergeben.. Sonst weiter nichts Neues. Wir bleiben noch so lange hier, bis wir Verstärkung erhalten, um dann gemeinsam vorgehen zu können. Denn unsere Armee ist noch zu schwach, um anzugreifen. Gegen Abend wurde nochmals auf uns gefeuert von Artillerie und Infanterie. Abends wurde auch eine andere Stellung ausgegraben. Sonst alles beim alten.

## 9. September 32. Tag

Die Nacht hatten wir wieder einen Angriff abzuwehren, welcher sehr stark von Artillerie und Infanterie unterstützt war. Der Feind wurde zurückgeschlagen. Am Morgen fuhren wir dann in unsere neue Stellung. Von hier aus haben wir ein gutes Ziel. Wir schanzten uns gehörig ein, um die Artilleriefeuer auszuhalten. Heute morgen erhielt ein Kanonier von unserem Batterieführer 5 Truppenteile zur Verstärkung unterstellt. Heute hatte ich 2 Pakete von daheim. Sonst war alles ruhig.

## 10. September 33. Tag

Schon morgens um 1 Uhr wurde wieder ein Durchbruch versucht, welcher aber wieder schnell zurückgeschlagen wurde. Später wurde noch an mehreren Stellen versucht durchzubrechen, aber vergebens. Die Nacht hindurch versuchten sie es ununterbrochen, blieben aber im Boden stecken, so dass man dort nicht weiter kam. Bis jetzt war es immer versucht, jede Nacht, bei uns durchzubrechen, aber es gelang nicht. Am Abend wurden wir von feindlicher Artillerie wieder beschossen. Ebenfalls wurde die ganze Nacht hindurch vom Franzosen gefeuert. Auch wurde mir heute gesagt, dass Schwalb Hubert verwundet sei. Ihm ließ ich viele Grüße ausrichten. Sonst noch alles beim alten.

## 11. September 34. Tag

Die Nacht hindurch war alles ruhig, nur hie und da wurde einzeln gefeuert. In der Frühe wurden wir später von Artillerie beschossen. Den Tag über wurde bekannt gegeben, dass wir nach Bebjenen kommen sollten. Noch in der Nacht wurde abgerüstet und der Grenze zu gefahren. Es wurde die ganze Nacht hindurch weiter auf schlammigen Wegen gefahren. Wir blieben mehrmals im Boden stecken  Morgens um 3 Uhr wurde in Moraville biwakiert.

Gefecht an einem Eisenbahndamm
bei Chaulnes (Frankreich) am 23. Oktober.

## 11. September 35. Tag

Morgens um 4 Uhr wurden wurde frisch fortgefahren. Es ging über schwimmende Wege. Den ganzen Tag über wurde gefahren. Abends um 6 Uhr überschritten wir die Grenze. Bei Logarde (5) fuhren wir in Stellung wegen Marschsicherung. Die ganze Nacht regnete es ununterbrochen.

## 13. September 36. Tag

Wurde morgens um 4 Uhr aus der Stellung fortgefahren gegen Dienze (6) zu. Hier haben wir sehr schlechte Wege befahren, alles äußerst durchweicht, dass man dauernd stecken bleibt. Es wurde den ganzen Tag gefahren. Abends kamen wir ins Quartier. Die Pritschen sind sehr anständig. Heute bekamen wir zum ersten Male wieder anständige Dinge zum Essen, seit 4 Wochen. Die Ortschaft, wo wir sind, heißt „Quartier Brehain" (7).

## 14. September 37. Tag

Noch im Quartier. Morgens um 4 Uhr Frühappell und Pferdepflege, Geschützreinigung. Es ist der erste Mittag heute, wo wir im Gefecht sind. Den Tag über war Stufe 2. Sonst noch alles beim alten.

## 15. September 38. Tag

Morgens um 4 Uhr wieder Frühappell. Um 6 Uhr müssen wir heute wieder weiter fahren, vorgesehen sind so um 300 km. In Pange (8) wurden wir umquartiert. Wir sind jetzt stündlich vor Metz. Auch hier kamen wir in ein gutes Quartier.

## 16. September 39. Tag

Waren heute noch einquartiert. Morgens war Geschützwaschen und Eisenteile putzen. Heute kam ich auch auf Wache. Hier ist die erste Ortschaft, wo wir auch einmal Bier zu trinken bekamen, seitdem wir von Lundo fort sind. Bis jetzt haben wir 17 Gefechte durchgemacht. Wir wurden dann von der Wache abgelöst. Hier ist auch die preußische Landwehr stark vertreten, welche die Bahn bewacht.

## 17. September 40. Tag

Heute noch im Quartier. Neuigkeiten keine. Es regnet hier ununterbrochen. Heute bekamen wir – wie vom Onkel Nikolaus – ein paar Kekse und Makronen.

## 18. September 41. Tag

Heute noch im Quartier bis mittags 12 Uhr. Um 1 Uhr wurde marschiert bis Peltro, wo wir eingeladen wurden. Wir fuhren zuerst über Metz gegen Luxemburg zu.

## 19. September 42. Tag

Morgens in der Frühe fuhren wir durch Luxemburg und dann weiter gegen Belgien. Mittags um 12 Uhr kamen wir in Arlon (9) an. Hier aßen wir einen Teller voll Fleischsuppe. Auch traf hier ein Gefangenen- und Verwundetentransport ein. Es ist spaßig, wenn man so einen Franzosen unter den Deutschen

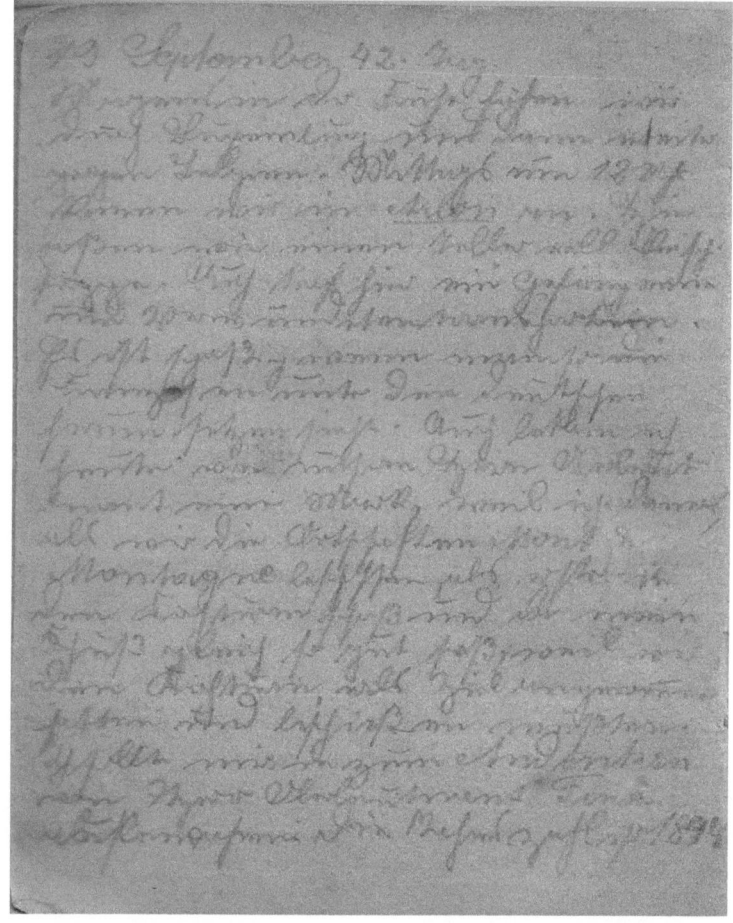

herumsitzen sieht. Auch bekam ich heute von unserem Herrn Oberleutnant eine Mark, weil, als wir die Ortschaften Mont und Montagne beschossen und auf den Kirchturm schießen mussten, mein Schuss gleich so gut saß und den

Deutscher Schützengraben vor Ypern 1915.

Kirchturm traf. Ich sollte mir zum Andenken an den Herrn Oberleutnant Finke eine Freude machen.

## 20. September 43. Tag

Morgens gegen 3 Uhr kamen wir in Chinzey an. Hier wurden wir umgeladen, weil die Eisenbahnstrecke über die Maas gesprengt war. Wir fuhren durch die Stadt Dern  durch, welche total zusammengeschossen war. Wir fuhren weiter durch die Ortschaft Sommiral, wo wir in einem Bauernhof einquartiert wurden.

## 21. September 44. Tag

Morgens um 8 Uhr wurde wieder weiter gefahren. Der nächsten Befestigung zu. Wir fuhren durch verschiedene Ortschaften, welche total niedergebrannt waren, weil aus den Häusern, als deutsche Truppen hier durchmarschiert waren, geschossen wurde. Mittags gegen 1 Uhr kamen wir in dem heutigen Ville Le Gambon an, wo wir einquartiert wurden. Wir sind noch immer in Belgien. Die Leute sind sehr scheu und anständig. Es regnet noch immer jeden Tag.

## 22. September 45. Tag

Morgens um 8 Uhr abmarschbereit. Wir fuhren weiter nach Frankreich hinein. Wir fuhren durch Maienbourg, wo viele gefangene Franzosen waren. Mittags um 12 Uhr wurde 1 Stunde gerastet. Später wurde wieder weitergefahren bis um 5 Uhr abends, wo wir in dem Städtchen Grenuig einquartiert wurden. Auch waren hier die Leute sehr anständig, sie saßen meist beim Essen.

## 23. September 46. Tag

Morgens um 2 Uhr war marschbereit. Es wurde gefahren bis mittags 12 Uhr. Es wurde 1 Stunde gerastet. Hier ist das 17. und 18. Infanterie-Regiment. Weiter dann, abends kamen wir ins Quartier. Wir sind auf dem Marsche gegen Paris zu. Einquartiert wurden wir in der Ortschaft La Caville.

## 24. September 47. Tag

Morgens um 8 Uhr war marschbereit. Es wurde wieder weit gefahren in der Richtung auf Paris und mittags 1 Uhr wieder gerastet. Abends um 10 Uhr kamen wir ins Quartier. Die Ortschaft heißt Botlain. Heute ist unsere Marschrichtung geändert worden. Wir marschieren gegen den Kanal zu.

## 25. September 48. Tag

Wurden morgens plötzlich alarmiert. Um 43 Uhr wurde aufgebrochen und wieder weiter gefahren. Mittags 1 Uhr wurde 2 Stunden gerastet. Um 4 Uhr wurde wieder weitergefahren. Wir fuhren bis abends 6 Uhr, wo wir in einer Ortschaft Halt machten. Hier sollten wir einquartiert werden. Plötzlich kam ein Flieger und warf Bomben über uns herab, jedoch ohne Schaden anzurichten. Es wurde abends noch in Stellung gefahren, jedoch bekamen wir dann doch Quartier. Sonst blieb alles ruhig.

## 26. September 49. Tag

Morgens um 4 Uhr mussten wir wieder in unsere Stellung gehen. Es wurde später noch wieder umgesetzt zum Weitervorfahren bis in die feindlichen Stellungen. Es wurde auch verschiedene Male Stellungswechsel gemacht, bis wir zum Abend in eine Stellung fuhren, wo wir die

Nacht über blieben. Heute war wieder der Anfang des Gefechts.

## 27. September 50. Tag

Die ganze Nacht hindurch feuerte die feindliche Infanterie und Artillerie. Wir machten Stellungswechsel, es wurde weiter vorgefahren, in Stellung gegangen, wo wir von Artillerie beschossen wurden und auch Flankenfeuer bekamen. Den Tag über wurden wir von Artillerie und Infanterie stark beschossen. Wir hatten einen Toten. Abends blieben ich und Unteroffizier Jahn in der Stellung, um Wache zu halten. Die Batterie fuhr in die Ortschaft, um dort zu futtern.

## 28. September 51. Tag

Morgens um 4 Uhr kam die Batterie wieder in die Stellung, um das Feuer wieder aufzunehmen. Wir wurden jedoch heute wieder stark von Artillerie beschossen und zwar von der Flanke. Auch wurde heute einer verwundet. Zur Verstärkung kam das naheliegende 5. Reserve-Infanterie-Regiment. Das 17. und 18. Regiment hatte schwere Verluste, weil alles zu schwach war.

## 29. September 52. Tag

Die Nacht über blieben wir in Stellung. Es war alles ruhig. Den Tag über bekamen wir wieder Artillerie- und Infanterie-Feuer, jedoch wir erwiderten auch das Feuer bis in die Nacht hinein. Auch antworteten wir heute einer Batterie, welche uns schon seit 2 Tagen immer wieder von der Flanke beschossen. Ein Zug Haubitzen gebot ihnen Einhalt. Jetzt haben wir Ruhe. Die Nacht über blieben wir in Stellung. Wir sind in der Ortschaft Hauborn.

## 30. September 53. Tag

Die Nacht über hatten wir einmal Gewehrfeuer bekommen, aber sonst blieb alles ruhig. Es wurde Stellungswechsel vorbereitet, um in der Nacht in eine andere Stellung zu fahren. Auch hatten wir Artilleriefeuer.

## 1. Oktober 54. Tag

Morgens in der Frühe wurde aus der alten Stellung abgereist, um in die neue zu gehen. Es wurde in der Frühe eingeschanzt, so gut wir konnten. Den Tag über bekamen wir kein feindliches Feuer. Wir feuerten manchmal. Sonst blieb alles beim alten.

## 2. Oktober 55. Tag

Es wurde abends noch Stellungswechsel gemacht, und zwar nun in die Nähe der alten Stelle, wo wir am Tage vorher waren. Hier hatte das 5. Feld-Artillerie-Regiment sich auch verschanzt. Die ganze Nacht hindurch verschanzten wir uns so gut, wie wir konnten, gegen das feindliche Artilleriefeuer. Den Tag über bekamen wir einiges Artilleriefeuer, ohne zu schaden. Auch wurde heute eine Windmühle in Brand gesteckt, die Spionagezwecken gedient hatte. Es waren 6 Mann darin, die Verbindung zur feindlichen Artillerie hatten. Sonst war alles ruhig. Heute begann die Entscheidungsschlacht der 6. Armee.

## 3. Oktober 56. Tag

Die Nacht über war alles ruhig und hie und da einige Gewehrfeuer. Morgens wurde wieder weiter geschanzt. Den Tag über wurden wir hie und da beschossen. Heute donnerte es stark in allen Ecken und Enden, denn die

Entscheidungsschlacht hat begonnen. Auf unserem rechten und linken Flügel ist schon alles vorgegangen. Der Feind fängt bei uns an, durchzudrücken, weil er von allen Stellen jetzt angegriffen und umzingelt wird.

Lastschleppmotor auf einer Landstraße.

Hofphot. Kühlewindl, z. Z. im Felde.

## 4. Oktober 57. Tag

Die Nacht hindurch blieb alles so ziemlich ruhig. Hie und da Gewehrfeuer. Unser linker und rechter Flügel ist schon weit vorgedrungen. Wir blieben in Stellung, um den Feind aufzuhalten. Auf unserem rechten und linken Flügel donnert es den ganzen Tag ununterbrochen.

## 5. Oktober 58. Tag

Die Nacht über blieb alles ruhig. Es wurde am Abend ein Durchbruchsversuch auf Seiten der Franzosen gemeldet, welcher aber nicht ausgeführt wurde. Den Tag über wurden wir wieder von feindlicher Artillerie beschossen. Auch umkreiste uns heute ein Flugzeug mindestens eine Stunde lang, welches unsere Stellungen auffinden wollte. Es wurde von Artillerie und Infanterie beschossen. An dem rechten Flügel wurde heute wieder fest gekämpft. Sonst blieb bei uns alles so ziemlich ruhig. Nur am Abend machten wir einiges Schnellfeuer auf eine feindliche Batterie.

## 6. Oktober 59. Tag

Morgens in der Frühe kam Befehl, Stellungswechsel zu machen, weil wir nun dem 5. Regiment auf ein paar Tage zugeteilt waren. Jedoch unser Oberleutnant wollte nicht aus der Stellung fort. Bis heute gegen 8 Uhr kamen wir zurück in Bereitstellung, weil wir vorläufig keinen Platz hatten. Auch landeten heute bei uns zwei englische Flieger, weil sie glaubten, bei den Franzosen zu sein. Sonst war alles beim alten. Am Abend kam die Botschaft, dass Antwerpen (10) gefallen sei.

Feindliche Drahtverhaue werden von unseren Feldgrauen erstürmt.

## 7. Oktober 60. Tag

Wir blieben die Nacht und den Tag über immer noch in Bereitstellung, bis weitere Befehle kämen. Der Feind geht auf unserem rechten Flügel fluchtartig zurück. Auch sind an unserem rechten Flügel 10.000 Engländer und 4 Gefechtsgeschütze beim Landen gestern gefangen genommen worden. Auch war der Kaiser diese Woche in der Nähe unserer Frontstellung, und zwar in der Ortschaft Maurepas (13).

## 8. Oktober 61. Tag

Wir blieben immer noch in Bereitstellung. Der Feind zieht sich bei uns auch zurück und drängt gegen das Ende unseres rechten Flügels. Bei uns blieb alles so ziemlich ruhig, den Tag über feuerten einige feindliche Batterien. Gegen Abend kamen wir in die Ortschaft Maurepas (13), weil es nachts zu kalt ist, unter freiem Himmel zu schlafen. Sonst ist alles beim alten. Heute ist auch Oberleutnant Fink fortgekommen, weil er krank ist. Dafür kam Leutnant Kesselring.

## 9. Oktober 62. Tag

Morgens um 6 Uhr wurde aus dem Quartier wieder in Bereitstellung gegangen. Heute bekamen wir den ersten Kriegsfreiwilligen und einen Fahnenjunker, welche noch nicht im Felde waren. Abends wurde wieder ins Quartier gegangen.

## 10. Oktober 53. Tag

Morgens wurde wieder in Bereitstellung gegangen. Heute kamen auch die ersten Kriegsfreiwilligen. Darunter war auch Kaiser Simon. Sie lagerten in unserer Nähe. Heute blieb alles ruhig, man hörte fast keinen Kanonenschuss. Sonst noch alles beim alten.

## 11. Oktober 64. Tag

Die Nacht über kamen wir in eine Schanzstellung, aus der wir hie und da einen Schuss feuerten. Auch traf ich heute Schwab Ludwig, welcher wegen der Maschinenwartung bei uns lag. Auch sah ich ein paar Tage zuvor seinen Bruder Leonhardt, welcher bei den Kriegsfreiwilligen war. Gegen Abend wurde für uns eine Stellung

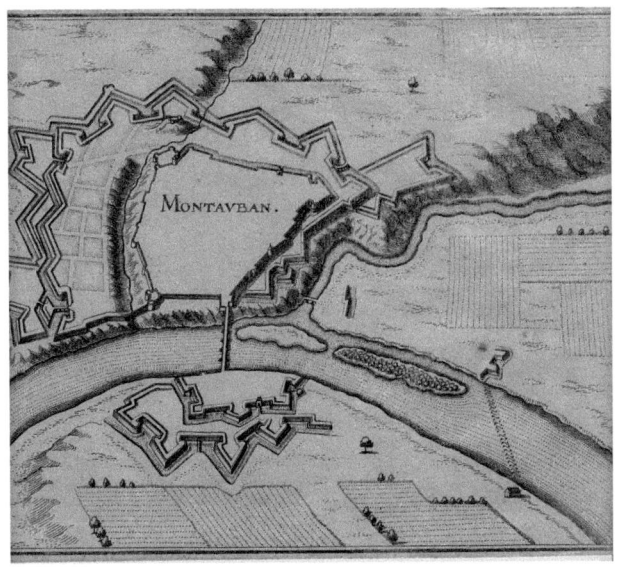

Festung Montauban Picardie-Region. Bekannt als **First day on the Somme**, 1 July 1916.

gesucht, welche wir noch ausgruben, so gut wir es konnten. Die Nacht hindurch machten sie die Kanonen der 3. Batterie fertig, womit wir in Stellung fuhren.

## 12. Oktober 65. Tag

Die Nacht versuchten die Franzosen durchzubrechen, wurden aber zurückgeschlagen. Das Gefecht dauerte fast die ganze Nacht hindurch. Auch schossen die Franzosen die Ortschaft Hardecours (11) in Brand, wo die deutschen Truppen lagen. Es wurde aber wenig Schaden angerichtet. In der Frühe fuhren wir in die neue Stellung. Tagsüber wurde aber nicht geschossen. Nur des Nachts wurde mit Scheinwerfern geschossen, wobei wir gute Ziele hatten.

## 13. Oktober 66. Tag

Den Tag über war alles ruhig, nur hin und wieder Artilleriefeuer. Gegen Abend entwickelte sich bei uns ein heftiger Kampf, nämlich die Franzosen wollten durchbrechen. Aber sie wurden zurückgeschlagen. Des Nachts hin und wieder einige Male geschossen. Auch kam heute zu uns noch Fußartillerie.

*Montauban*

## 14. Oktober 67. Tag

Die Nacht hindurch wurde einige Male geschossen. Sonst blieb alles so ziemlich ruhig. Am Tage fuhr bei uns Schwere Artillerie auf. Den Tag über wurde nicht geschossen. Auch war ich heute bei Kamp Franz, welcher noch bisher bei einer anderen Kompanie war. Sonst alles beim alten.

## 15. Oktober 68. Tag

Die Nacht hindurch war alles sehr ruhig bis gegen Morgen, da wurde ein feindlicher Infanterieangriff abgewehrt, was gut verlief. Den Tag über wurde wenig gefeuert. Sonst blieb alles ruhig.

## 16. Oktober 69. Tag

In der Frühe wurden wir abgelöst von der 2. Batterie. Wir hatten heute einen Tag Rasttag. Somit wurde wieder einmal anständig gewaschen und frische Wäsche angezogen. Sonst wohl nichts Neues. Man konnte sich heute wieder einmal anständig satt essen. Wohnen in Maurepas (13).

## 17. Oktober 70. Tag

Morgens in der Frühe mussten wir wieder die 2 Batterien ablösen und wir gingen wieder in Stellung. Den Tag über war es ruhig, geschossen wurde nicht. Um uns herum ist alles ruhig, man hört gar keinen Donner mehr. Zur Zeit regnet es und ist kalt und windig.

## 18. Oktober 71. Tag

Die Nacht über war alles ruhig, auch den Tag über hörte man wenig, bis auf unseren linken Flügel, welcher immer noch weiter vorgeht. Die Nacht über war es schon sehr kalt. Heute war der erste Sonntag, den wir einmal ruhig erlebten, seitdem wir im Felde sind. Am Abend sammelten wir uns an unserem Geschütz und sangen einige Lieder zur Verherrlichung und zum Schlusse des Sonntags. Dann wurde noch die Post verteilt. Sonst alles beim alten.

## 19. Oktober 72. Tag

Die Nacht über war alles ruhig. In der Frühe wurden wir von der 2. Batterie wieder abgelöst, denn heute hatten wir wieder Rasttag. Auch traf ich heute in Maurepas Kunst Leonhardt, welcher als Ersatzmann eingezogen wurde und beim 17. Infanterie-Regiment dient. Es geht ihm soweit noch gut. Am Abend kam ich und Sergeant Hopp auf Posten in der Ortschaft Maurepas. Sonst noch alles beim alten.

## 20. Oktober 73. Tag

In der Frühe gingen wir in unsere Stellung und lösten die 2. Batterie wieder ab. Den Tag über war alles ruhig, nur am linken Flügel donnerte es hie und da einmal. Auch bekamen wir heute einen anderen Batterieführer, nämlich Oberleutnant Engel, welcher die ganze Zeit über in München auf der Kriegsschule war. Sonst alles beim alten.

## 21. Oktober 74. Tag

Die Nacht über war alles ruhig, nur hin und wieder donnerte es. Wir stehen immer noch in der alten Stellung bei Maurepas. Es wird soweit alles noch vorbereitet. Seit heute haben wir Regenwetter. Sonst noch alles beim alten.

## 22. Oktober 75. Tag

Die Nacht über war alles ruhig. In der Frühe wurden wir wieder von der 2. Batterie abgelöst und kamen ins Quartier. Heute hörte man wieder den ersten Kanonendonner seit 8 Tagen. Es wurde meistens mit schwerer Artillerie geschossen. Am Abend wurde wieder ein Durchbruch vom Feind versucht, welcher jedoch missglückte. Am Tage beschossen sie unseren Drahtverhau.

Schweres Geschütz unterm Tarnnetz

## 23. Oktober 76. Tag

Das Gefecht dauerte die ganze Nacht hindurch an. Am Morgen lösten wir wieder die
2. Batterie ab. Am Tage wurden wir von einem feindlichen Fesselballon gesichtet. Auch wurden Truppen beschossen, welche zurück gingen. Auch wurde mittags ein Stellungswechsel vorbereitet. Am Abend wurde Stellungswechsel nach rückwärts gemacht. In unsere Stellung kam das 76. preußische Artillerieregiment. Wir kamen

zurück in die Ortschaft Villes les Pannel, wo wir einquartiert wurden. Sonst alles beim alten.


## 24. Oktober 77. Tag

Morgens um 2 Uhr kamen wir ins Quartier. Den Tag über blieben wir auch hier. Heute war ich bei Leisler Jacob. Heute bekamen wir auch wieder Kriegsfreiwillige. Abends um 8 Uhr war marschbereit. Es wurde in der Nacht wieder weitergefahren. Sonst noch alles beim alten.


## 25. Oktober 78. Tag
In der Frühe kamen wir wieder ins Quartier. Den Tag über war allgemeine Ruhe. Die Ortschaft, wo wir einquartiert sind, heißt Lieramont. Auch war ich heute bei Schwab Konrad, welcher in der Nähe ist. Abends gab er mir zu essen, nämlich Kartoffeleintopf, welcher sehr gut war. Abends um 3 wieder weiter marschiert.


## 26. Oktober 79. Tag

Nachts um 12 Uhr kamen wir ins Quartier. Einquartiert wurden wir in Moeuvres. Abends um 4 Uhr wurde wieder weiter gefahren. Den Tag über war Ruhe. Sonst nichts Neues. Aber 8 Uhr abends kamen wir ins nächste Quartier.

## 27. Oktober 80. Tag

In der Frühe wurde wieder vorgefahren, und zwar um 8 Uhr. Einquartiert wurden wir in Chruchelettes. Jetzt ist wieder das ganze Regiment beisammen. Mittags kamen wir wieder ins nächste Quartier. Einquartiert wurden wir in Archilettes.

## 28. Oktober 81. Tag

Morgens um 8 Uhr wurde wieder weitergefahren gegen Lille zu. Wie kamen ganz an den rechten Flügel. Auf unserer Fahrt kamen wir durch die Stadt Seclin (14). Die Gegend hier ist voller Industrie. Hier sind viele Zuckerfabriken. Wir fuhren an einem Kanal entlang, Name unbekannt. Um 12 Uhr kamen wir nach Lille (15), eine großartige, schöne Stadt. Wir fuhren weiter bis nach der Stadt Marquittes, wo wir einquartiert wurden. Unser Quartier war ein Güterschuppen. Sonst noch alles beim alten.

## 29. Oktober 82. Tag

Morgens um 8 Uhr war marschbereit. Wir marschierten weiter gegen Dünkirchen zu. Mittags kamen wir in die Stadt Carmine, eine alte und schöne Stadt. Hier blieben wir in Stellung. Wir mussten unsere Stellung verkleiden, nah einem Walde, um Schutz gegen Flieger zu haben.

Vor uns stehen Engländer, welche sehr standhaft sind. Wir sind jetzt noch ungefähr 100 km vom Meer entfernt. Beschossen wurden wir von schweren Schiffsgeschützen größten Kalibers.

Morgens um 7 Uhr wurde in der ganzen Linie das Feuer eröffnet. Sonst noch alles beim alten.

*Angriff Indischer Truppen*

## 30. Oktober 83. Tag

Die ganze Nacht hindurch wurde vorbereitet, um einen künstlichen Wald herzustellen, damit wir gegen Flieger gedeckt sind. In der Frühe wurde das Feuer auf der ganzen Linie eröffnet. Es wurde den Tag über hindurch vorgegangen. Wir mussten dreimal Stellungswechsel vorwärts machen. Am Abend beschossen wir ein Dorf, das unsere Infanterie hernach im Sturm nahm. Auf unseren Wagen fuhren wir an vielen Gefallenen vorbei. Deutsche und Engländer durcheinander. Auch haben die Engländer Inder mit eingezogen. Der Feind zieht sich zurück. Am Abend wurden wir in verschiedenen Strohscheunen einquartiert. Sonst noch alles beim alten.


## 31. Oktober 84. Tag


Morgens in der Frühe wurde aus dem Biwak aufgebrochen und vorgefahren in Stellung. Wir fuhren bis über die Ortschaft hinaus, welche die Infanterie noch in der vergangenen Nacht im Sturm genommen hatte. Auf unserem Weg kamen wir an gefallenen Indern vorbei. Dieselben tragen hellgelbe Uniformen und haben einen breiten Gurt mit Patronentaschen über der Schulter hängen. Auch haben sie langes schwarzes Haar. Sie tragen statt Stiefeln Bandagen und Schnürschuhe. Als wir in Stellung fuhren, wurden wir von Artillerie- und Infanteriefeuer geradezu überschüttet. Aber es richtete wenig Schaden an. Viele englische Flieger kreuzten über uns. Wir sind noch 6o km vom Meer entfernt. Unsere Aufgabe ist, durchzubrechen, um die Front zu teilen. Jetzt wird die eine gegen Paris zu gedrückt, die andere gegen Ostende, wo sie von unseren anderen Truppen empfangen und eingeschlossen werden. Den Tag über wurden wir von Infanterie und Artillerie heftig beschossen, wobei es einige Verluste gab. Den Tag über legten wir unsere

Weltkrieg 1914-15    Zerstörter frz. Offiz.-Unterstand auf Bau de Sapt    (005)

Stellung weiter vor und schanzten uns die Nacht über ein. Der Feind zieht sich zurück. Wir stehen vor der Festung Ypern (16). Sonst noch alles beim alten.

## 1. November 85. Tag

Allerheiligen. Die Nacht hindurch wurden wir von Artillerie und Infanterie heftig beschossen. Es wurde kein Schaden angerichtet. Auch mich trafen mehrere Schrapnellkugeln, als ich in meinem Loch lag und schlief, die mich aber nicht verletzten. In der Frühe wurde wieder weiter geschanzt. Auch wurde heute Schmitz Friedrich von Dürkheim am Arm durch eine Schrapnellkugel verwundet. Den Tag über wurden wir ununterbrochen von Artillerie beschossen. Auch warf ein Flieger Bomben und schoss mit einem Maschinengewehr in die Stellung unserer Posten, welche viel Schaden anrichteten. Sonst alles noch beim alten.

## 2. November 86. Tag

Die Nacht hindurch war bei uns alles ruhig, aber an unseren beiden Flügeln wurde heftig gekämpft. In der Frühe beschossen wir wieder die feindliche Artillerie und Infanterie mit gutem Erfolg. Wir fuhren in eine befestigte Stellung und dürfen uns nicht mehr eingraben, bis wir mit unseren beiden Flügeln gleichauf sind. Am Tag wieder von der Artillerie beschossen. Sonst noch alles beim alten.

## 3. November 87. Tag

Die Nacht über alles ruhig. In der Frühe und den Tag über wurden wir wieder von Artillerie stark beschossen. Auch mich hätte sie heute beinahe gehabt, nämlich 2 m von mir schlug ein Geschoss ein, welches mich mit Erde überschüttete, aber sonst keinen Schaden anrichtete. Wir stehen bei der Ortschaft Holebesk (17) bei der Festung

Ypern. Wir stehen vor dem Yserkanal (18). Das Artilleriefeuer dauerte bis zur Dunkelheit. Auch wurden am Abend wieder Lebensmittel verteilt. Sonst noch alles beim alten.

Die „Dicke Bertha", ein 42-cm-Mörser von Krupp.

## 4. November 88. Tag

Die ganze Nacht hindurch wurde von Artillerie und Infanterie gefeuert. In der Frühe wurden wir von feindlicher Artillerie stark mit Granaten beschossen. Wir stehen immer noch vor dem Yserkanal. Unseren beiden Flügel stehen uns bereits gleich. Sonst noch alles beim alten. Am Abend bekamen wir wieder starkes Artilleriefeuer.

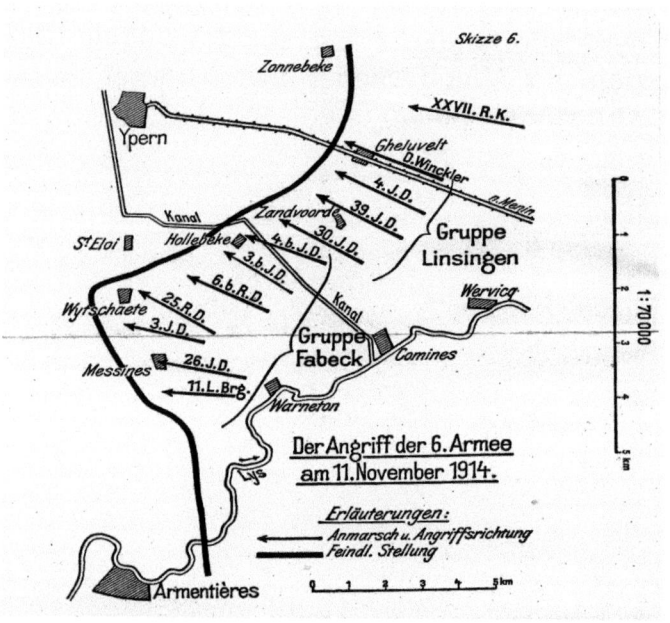

Skizze 6.

Zannebeke

Ypern

XXVII. R. K.

Gheluvelt
D. Winckler
a. Menin
4. J. D.
Kanal
Zandvoorde
39. J. D.
St Eloi
Hollebeke
30. J. D.
4. b. J. D.
Gruppe
Linsingen
3. b. J. D.
6. b. R. D.
Kanal
Wervicq
Wytschaete
25. R. D.
3. J. D.
Gruppe
Fabeck
Comines
Messines
26. J. D.
11. L. Brg.
Warneton

Armentières

Der Angriff der 6. Armee
am 11. November 1914.

Erläuterungen:
Anmarsch u. Angriffsrichtung
Feindl. Stellung

0  1  2  3  4  5 km

1 : 70 000

## 5. November 89. Tag

In der Nacht waren wir auf Posten in den
Schützengräben. In der Frühe wurde ich von
feindlicher Artillerie angeschossen, welche mir
mein Feuer erwiderte. Ich kam sogleich zum
Verband und musste auch dahin, wo ich ins
Feldlazarett kam. Von hier aus wurden wir nach
Deutschland transportiert, wo wir am 8.
November eintrafen. Wir kamen nach
Blankenburg (19) ins Lazarett.

*Foto: Blankenburg*

*Krankenhaus*

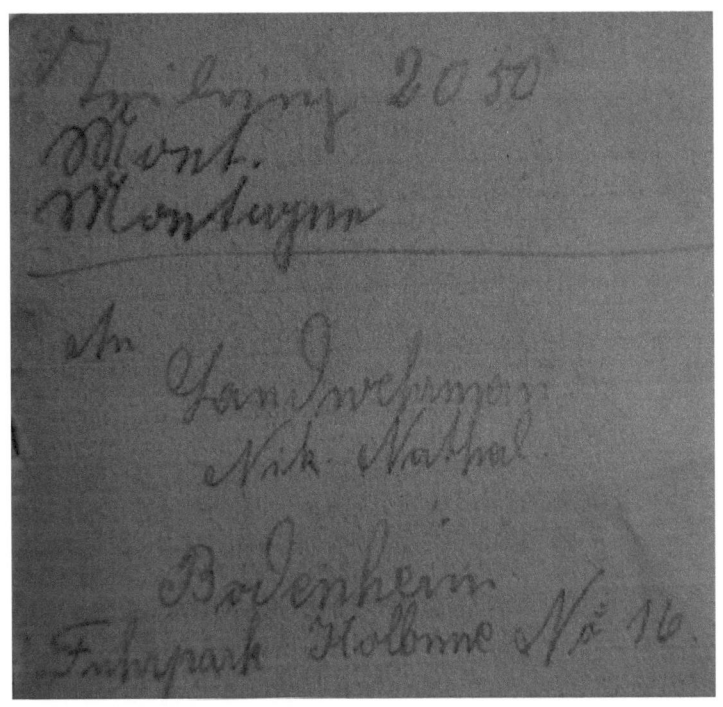

Notizen am Ende des Buches:

Teilring  2050
Mont.
Montagne

An Landwehrmann
Nik. Nathal
Bodenheim
Fuhrpark Kolonne No. 16

*(Allerletzte Umschlagseite innen unleserlich)*

# Was bleibt sind Gräber!!
## Was bleibt ist Trauer!!

Still und ruhig war sein Wesen,
Treu und fleißig seine Hand;
Und so wollt' er weiterstreben,
Doch er fiel fürs Vaterland.

Gg. Gehringer, Kaiserslautern.

„Der Freund."

74

# Kleine Legende


## (1) Saint-Avold


Liegt im Departement Moselle.

Von 1871 bis 1918 gehörte **Saint-Avold** zum Deutschen Reich. Die Stadt lag im lothringischen Kreis Forbach und wurde preußische Garnison (3. Lothringisches Feldartillerie-Regiment Nr. 69). Im Ersten Weltkrieg auch Ausbildungsstandort für z. B. das 1. Ersatz-Bataillon des Infanterie-Regiments 173.

1910 hatte Saint-Avold 6.400 Einwohner, davon 2500 Soldaten.

Nach 1918 blieb Saint-Avold Garnisonsstadt. Ab 1928 wurde in der Nähe die Maginot-Linie errichtet. Im Zweiten Weltkrieg nahm General Pattons 3. US-Armee , am 27.11.44 Saint-Avold ein. Der Cimetière militaire américain von Saint-Avold ist der größte US-Soldatenfriedhof in Europa mit den Gräbern von 10.489 US-Soldaten.


2) **Château-Voué** (deutsch „**Dürkastel**") eine kleine französische Gemeinde mit etwa 123 Einwohnern in der Region Lothringen. Im Verlauf des Deutsch-Französischen Kriegs (1870–1871) in das Reichsland Elsaß-Lothringen des Deutschen Reiches eingegliedert. Das Reichsland Elsaß-Lothringen bestand bis zum Ende des Ersten Weltkriegs (1914–1918) und wurde danach aufgelöst. Château-Voué 1918 wieder Frankreich zugesprochen.


(3) gemeint ist evtl. Bergepanzer

*(4)***Baronville** *(deutsch Baronweiler) französische Gemeinde im Département Moselle , Region Lothringen, 40 Km südlich Metz*

*(5)* **Lagarde**

*Verlauf der Schlachten:11. August bei **Lagarde** und am 12. bei Baronweiler Angriffe der Deutschen Streitktäfte. Die deutschen Truppen ziehen sich vor den zwischen Nancy und Belfort nach Nordosten vorgehenden französischen Streitkräften zurück. Dieses endet am 19. August in der Linie Metz - Morville - Bensdorf - Finstingen - Pfalzburg. Am 20. August gingen die Deutschen überraschend zum Angriff über und warfen die Franzosen über die Linie Delme - Chateau Salins - Marsal - Bispingen zurück, während Saarburg noch von den Franzosen gehalten wurde.*
*Heftigste Kämpfe bei Conthil und bei Saarburg.*

*Am 21. August erneuerten die Deutschen ihren Angriff und warfen die Franzosen zurück in die Linie Moncel - Arracourt - Bourdonnaye - Gondrexange - Hessen - Walscheid.*
*Am 21. August fiel **Saarburg** wieder in deutsche Hände.*

*Die Attacke von **Lagarde** war eines der letzten Gefechte der Kriegsgeschichte, bei denen eine Kavallerieattacke im größeren Verband (Brigade-Umfang) erfolgreich durchgeführt wurde. Die Attacke zeigte, dass Kavallerie auch in einem modernen Gefecht noch erfolgreich mit der blanken Waffe eingesetzt werden konnte, wenn günstige Bedingungen vorlagen. Dennoch war sie ein Wendepunkt. An der Westfront war es die letzte* erfolgreiche Kavallerieattacke im größeren Verbandsrahmen.

## (4) **Montville**

Eine franz. Gemeinde im Departement Seine-Maritime.

(5) **Meurthe:** Quelle in den Vogesen. Mündet nördlich von Nancy bei der Gueule d'Enfer als rechter Nebenfluss in die Mosel.

(6) Dieuze (Seite 38)
Gemeint höchstwahrscheinlich Dieuze. Dieuze gehörte im Ersten Weltkrieg zu den letzten Gemeinden deren Name eingedeutscht wurde. Im Jahr 1922 erhielt Dieuze den Orden „Croix de Guerre 1014-1918".

## (7) **Brehain**

Bréhain liegt am Oberlauf der französischen Nied, 35 Kilometer südöstlich von Metz und 25 Kilometer südwestlich von Saint-Avold

1871 wurde die Gemeinde wegen Gebietsveränderungen durch den Verlauf des Deutsch-Französischen Kriegs (1870–1871) in das neu geschaffene Reichsland Elsaß-Lothringen des Deutschen Reiches eingegliedert. Bréhain lag in jener Zeit im Département Moselle, diese Änderung wurde auch 1918 beibehalten, als Moselle wieder Frankreich zugesprochen wurde. Bréhain gehörte zu den letzten Gemeinden, deren Name am 2. September 1915 eingedeutscht wurde. Der Name wurde zu „Bruchheim" geändert und dies war bis 1918 der offizielle Ortsname.

## (8) Pange

Eine französische Gemeinde ( 933 Einwohner) im Département Moselle in der Region Lothringen.

## (9) Arlon

Stadt (deutsch Setzbach) im Südosten von Belgien in der Region Wallonien ( 28.520 Einw.), nahe der Grenze zum Großherzogtum Luxemburg, etwa 190 km südöstlich von Brüssel gelegen.

## (10) Antwerpen

Richtig ist: Die Belagerung von Antwerpen fand vom 20. August bis zum 10. Oktober 1914 statt. Angreifer waren Deutsche Truppen, verstärkt durch 30,5-cm-Belagerungsmörser der k.u.k. Artillerie, verteidigt wurde die Festung durch Belgische Streitkräfte, unterstützt durch britische Marinesoldaten Die Belagerung endete damit, dass die Festung kapitulieren musste, die belgische Armee zog sich nach Westflandern zurück.
Belgien kam im Rahmen der deutschen Kriegsplanung im Jahre 1914 eine große Bedeutung zu. Um die französischen Festungen an der deutsch-französischen Grenze zu umgehen, plante die Oberste Heeresleitung , mit dem größten Teil des Heeres durch Belgien und Luxemburg zu marschieren.
Zu ihrer Unterstützung verfügten diese Truppen über 160 schwere Geschütze und 13 sehr schwere Mörser wie die „Dicke Bertha".
Am 10. Oktober 1914 kapitulierte Antwerpen.

## (11) Hardecour

*Gemeint ist Hardecourt-aux-Bois-, eine <u>französische</u> <u>Gemeinde</u> mit 73 Einwohnern im <u>Département</u> <u>Somme</u> in der <u>Region</u> <u>Picardie</u> im Norden von Frankreich.*

*Hardecourt During WW1:*

*The Great War first came to Hardecourt in late August 1914 following the Battle of Le Cateau on the 26th August. The British and German Armies had separated and as the Allies fell back to defend Paris, von Klucks First German Army swung across to the north. His IV Reserve Corps moved into the Somme area from the east, through Hardecourt, Montauban and Maricourt and having taken Albert, turned south through Amiens to fight the Battle of the Marne. When the Battle resulted in stalemate, both sides began the race to the sea.*
*Auszug aus:chavasseferme*

## (13) Maurepas

*Maurepas ist eine nordfranzösische Gemeinde mit 198 Einwohnern (Stand 1. Januar 2012) im Département Somme in der Region Picardie.*

*In der Schlacht an der Somme wurde Maurepas im September 1916 zum Schlachtfeld. Die Gemeinde erhielt als Auszeichnung das Croix de guerre 1914–1918.*

## (14) Seclin

*Französische Gemeinde im Département Nord in der Region Nord-Pas-de-Calais südlich von Lille. Hier* finden sich viele Orte, die an den Ersten Weltkrieg erinnern, unter anderem große Soldatenfriedhöfe und Monumente sowie eine gut erhaltene Festung, das Fort de Seclin.

Ab 1871 wurden nach dem Deutsch-Französischer Krieg, zwischen Nizza und Dünkirchen 400 Festungen erbaut. Diese neue Verteidigungsstruktur sollte Frankreich als Abschreckung gegen vor möglichen Angriffsbestrebungen des Deutschen Reiches dienen.

Die Festung von Lille gehörte zusammen mit der Festung von Maubeuge zu den wichtigsten Punkten des Verteidigungssystems an der französisch-belgischen Grenze. Lille und ihre Zitadelle war von sechs Festungen, 13 Verbindungsbauten und zwei Geschützhäusern umgeben. Auch das Fort von Seclin gehörte zu diesem Bollwerk.

## (15) Lille

Lille wurde in beiden Weltkriegen durch Besetzung jeweils schwerstens mitgenommen.
Im Ersten Weltkrieg bis Oktober deutsch besetzt und durch britische Truppen befreit (General Birdwood).

Im ersten Weltkrieg wurde der Festungsgürtel um Lille nicht genutzt. Lille wurde am 1 August 1914 zur offenen Stadt erklärt. Die franz. Armee verzichtete auf die Verteidigung. Esw kam zu keinen Kampfhandlungen.
Die Festung Mauberge (etwa 80 km von Lille) wurde jedoch belagert und kapitulierte am 7. Sept. 1914.

## (16) Ypern

Die Deutsche Truppen versuchten mehrmals, die Stadt einzunehmen; dabei wurden sie im November 1914 und im April 1915 zurück geschlagen Erstmals wurde Chlorgas eingesetzt. Am 12. Juli 1917 testeten deutsche Truppen – wieder bei Ypern – erstmals Senfgas. Es wurde von vielen Soldaten auch Yperit genannt. „Yperit" ist in Frankreich bis heute auch ein Synonym für „Giftgas".

Die Stadt wurde bis zum Ende Krieges gehalten; bei Ypern kämpften vor allem Soldaten aus dem Britischen Empire. Nach dem Krieg wurde die stark zerstörte Stadt teils originalgetreu, teils frei historisierend wieder aufgebaut. Historisches Bewusstsein und Erinnerungen haben seitdem viel Platz in der Geschichtsschreibung und Kultur der Stadt. In der Umgebung von Ypern befinden sich zahlreiche Soldatenfriedhöfe. Ypern ist von einem gigantischen Höhlennetz durchzogen, das im Ersten Weltkrieg angelegt und erst 2009 wiederentdeckt wurde.

### (17) **Hollebeke**

Zerstörtes
Schloss
Hollebeke

Der Deutsche Heeresbericht am 31.10.2014: „Angriff auf Ypern schreitet fort. Schloss Hollebeke und Wambeke wurden gestürmt."

## (18) Yserkanal

Die Erste Flandernschlacht oder Ypernschlacht fand gegen Ende der ersten Phase vom 20. Oktober bis zum 18. November 1914 zwischen deutschen und alliierten Truppen im Raum der belgischen Kanalküste in Westflandern statt. Trotz schwerster Verluste an Menschenleben konnte die Absicht der deutschen Führung, durch einen Angriff entlang der Kanalküste das britische von seinen Versorgungslinien abzuschneiden, nicht verwirklicht werden. Die Auseinandersetzung wird zu den vier Flandernschlachten gezählt.

## (19)Blankenburg

Bis zum Ersten Weltkrieg diente die Kaserne als Ausbildungsstätte für Rekruten unterschiedlichster militärischer Einheiten. Nach Beendigung des Ersten Weltkriegs musste die Kaserne auf Grund des Versailler Vertrages aufgelöst werden.
Während des Zweiten Weltkrieges nutzte man die Schlosskaserne wieder zur Unterbringung militärischer Einheiten.

Nach Beendigung des Zweiten Weltkrieges räumte die sowjetische Militäradministration am 13. Mai 1946 das Gebäude und machte es durch Genehmigungen ausschließlich für Wohnzwecke nutzbar.

## Literaturangaben zur Vertiefung

Reichsarchiv Band 10 „Ypern", Oldenburg/Berlin 1925
Reichsarchiv Band 31 „Die Tankschlacht bei Cambrai",
Oldenburg/Berlin 1929

August 1914 von Barbara Tuchmann
Taschnabuch 2004

Die andere Front, Fotografien und Propaganda im ersten
Weltkrieg von Anton Holzer

Spurensuche bei Verdun. Ein Führer über die Schlachtfelder
von Kurt Fischer und Stephan Klinik.

Enzyklopädie Erster Weltkrieg von Gerhard Hirschfeld
(Hrsg.)

Der Erste Weltkrieg, eine Europäische Tragödie. John
Keegan, Karl Nicolai und Heidi Nicolai.

Der Erste Weltkrieg von H.P. Willmott, Dorling Kindersley.

Herstellung und Verlag:
BoD - Books on Demand, Norderstedt
ISBN 978-3-7347-9082-9